CHAMBRE DE COMMERCE
D'ABBEVILLE

Séance du 29 Mars 1886

PROJET DE LOI

SUR

LES SOCIÉTÉS

PAR ACTIONS

ABBEVILLE
IMPRIMERIE C. PAILLART
24, rue de l'Hôtel-de-Ville, 24

1886

CHAMBRE DE COMMERCE

D'ABBEVILLE

Séance du 29 Mars 1886

Présidence de M. MONCHAUX

M. le Président chargé d'étudier le projet de loi sur les Sociétés par actions, donne lecture du rapport suivant :

MESSIEURS,

M. le Ministre du Commerce a invité les Chambres de Commerce à lui faire connaître leur avis sur le projet de réforme de la loi du 24 juillet 1867 sur les Sociétés.

Ce projet, élaboré tout d'abord par une Commission spéciale composée de jurisconsultes éminents et de personnes qui, par leurs études ou la nature de leurs affaires, pouvaient apporter un concours sérieux aux travaux de cette Commission, a été soumis au Sénat qui l'a adopté en y apportant certaines modifications ; la Chambre des Députés est chargée, à son tour, de l'examiner.

La loi qu'il s'agit d'abroger comprend 67 articles ; le nouveau projet, plus développé, comprendra 112 articles. Le but que se proposent ses auteurs est de corriger les abus en grand nombre qui se sont produits et qui ont été la cause de tant de ruines. Ce but est défini, comme suit, par l'exposé des motifs : « Rendre « plus sûr, sans le rendre trop difficile, le fonctionnement de « cette admirable machine que l'on appelle la société, sans

« briser ce magnifique instrument que l'on appelle l'action ; ne
« point sacrifier la liberté des conventions à l'intérêt de ceux
« que leur crédulité et leur confiance peuvent entraîner dans
« des placements dangereux, et ne point sacrifier cet intérêt qui
« est celui du plus grand nombre à la liberté des conventions. »

Le problème qu'il s'agit de résoudre est entouré de difficultés
sérieuses, et nous comprenons les réserves dont certaines
Chambres de Commerce dont la grande compétence n'est pas
douteuse, comme celles de Lyon et de Lille, ont entouré leur
appréciation.

La nouvelle législation a cherché à réglementer d'une façon
aussi précise que possible les diverses phases de la vie des
Sociétés, et surtout de leur fondation ; elle essaie de mieux
défendre les actionnaires contre les fraudes dont ils peuvent
être victime de la part des organisateurs de ces Sociétés ou de
mandataires malhonnêtes ; elle organise la défense de l'obligataire dont les intérêts se trouvaient souvent compromis, la loi
ne permettant pas à un détenteur des obligations une interven-
tion utile en temps opportun ; elle règle la situation des Sociétés
étrangères, et définit avec soin les diverses pénalités qu'en-
courent ceux qui violent les règles qu'elle trace.

On ne saurait méconnaître qu'en précisant mieux les devoirs
et les droits des différents intéressés, elle moralise le système
de l'association ; mais il y a malheureusement un élément sur
lequel elle n'a guère d'action ; cet élément est la tendance du
public à se laisser séduire par l'appât de quelques bénéfices, et
à se laisser gagner par la fièvre de la spéculation.

Chaque époque présente des périodes de jeu effréné, de spé-
culations finissant par de grands désastres ; après chacune de
ces périodes, le législateur a essayé, par des dispositions nou-
velles, d'empêcher le renouvellement de ces désastres ; mais
l'entraînement du public aidant, les mêmes faits se sont repro-
duits ; car ils avaient pour complice un état moral contre lequel
les lois ont toujours été impuissantes.

La nouvelle législation en voie de préparation, eut-elle em-
pêché, si elle avait été promulguée il y a quelques années, beaucoup de ces catastrophes donnant lieu à des débats qui sont
encore pendant devant les divers degrés de juridiction ? Le

doute est permis. Les organisateurs des nombreuses Sociétés qui ont fait tant de victimes inconscientes se seraient évidemment ingéniés à trouver les moyens de tourner la loi, comme ils l'ont fait alors que ses règles étaient beaucoup plus faciles à observer.

Ainsi que l'indique le préambule du projet primitif, la préoccupation du législateur n'a pas été seulement la défense des faibles, des Actionnaires dans l'espèce, elle a été aussi de ne pas effrayer par une réglementation trop compliquée, par la crainte des responsabilités à encourir, les hommes qui peuvent organiser avec intelligence et bien conduire les Sociétés sérieuses.

L'administration des Sociétés par action et surtout de celles qui prennent la forme de l'anonymat, exige de la part des administrateurs beaucoup de dévouement, et en même temps beaucoup de confiance de ces administrateurs les uns vis-à-vis des autres.

Il y a malheureusement lieu de constater que trop souvent l'expérience des affaires, condition première de toute réussite, manque, mais que la confiance entre les administrateurs n'est pas basé sur une connaissance suffisante, les uns vis-à-vis des autres, des hommes qui acceptent un mandat commun; que, dans bien des cas, il n'y a qu'une connivence coupable entre gens ne voyant dans l'organisation d'une affaire que le bénéfice à faire sur l'émission des actions, sur les hausses que l'on peut organiser. L'intérêt final de la Société, sa réussite sont laissés de côté, et dès lors il ne reste place que pour des désastres qu'aucune réglementation n'a chance d'arrêter.

Quoiqu'il en soit, les moyens pratiques propres à ouvrir les yeux aux souscripteurs inexpérimentés et à arrêter les fraudes, étaient dignes des études des hommes qui ont bien voulu accepter la mission d'améliorer la législation existante; en parcourant le résultat de ces études, nous vous signalerons les points qui nous paraissent devoir plus spécialement être l'objet de modications :

ARTICLE PREMIER. — Le projet autorise les Sociétés anonymes à se former sans autorisation; il ne les oblige pas à établir leurs statuts par acte notarié et il les affranchit ainsi de frais assez élevés.

Des difficultés très-sérieuses ont surgi lorsque les Sociétés établies par actes sans signatures privées ont dû contracter des emprunts hypothécaires. La loi oblige celui qui consent une affectation hypothécaire à donner ce consentement par acte authentique, et lorsque le pacte social n'est pas reçu par un notaire, il est à peu près impossible d'obtenir de tous les actionnaires un pouvoir authentique d'autorisation aux administrateurs d'hypothèquer les immeubles sociaux. Nous croyons devoir signaler au législateur cette difficulté pratique.

Art. 3. — La loi de 1867 stipule qu'une Société par actions ne peut être constituée qu'après la souscription de la totalité du capital social, et le versement par chaque actionnaire du quart au moins du montant des actions par lui souscrites. Le nouveau projet exige que le versement de ce quart soit fait en espèces. On avait très-souvent constaté que des Sociétés étaient déclarées formées, alors que le capital social n'était pas intégralement souscrit et que le premier quart n'était pas versé complètement. Si à ce point de vue, on veut assurer l'exécution complète de la prescription de la loi, il est nécessaire d'ajouter que ce quart sera versé soit à la Banque de France, soit dans une caisse publique.

Les difficultés du retrait dans le cas de non constitution de la Société paraissent avoir fait écarter par les auteurs du projet, ce dépôt préalable; nous croyons toutefois qu'il serait facile de régler d'une façon pratique et simple le retrait direct par les intéressés, dans le cas ou la Société n'arriverait pas à se constituer complètement.

Lors de l'étude faite par les membres de notre corporation du projet de loi, l'un de nos collègues a émis l'opinion que la loi devait réglementer le délai dans lequel le capital social serait obligatoirement versé: cette opinion n'a pas prévalu; il a semblé que dans beaucoup de Sociétés importantes, comme les établissements de crédit, les Compagnies d'Assurances, les fonds restant à verser après la constitution de la Société étaient la garantie des engagements sociaux, et l'on évitait ainsi à la Société la charge d'un capital dont elle n'avait pas un emploi immédiat.

Art. 5. — La législation actuelle permet de convertir l'action nominative en titre au porteur, lorsque l'assemblée générale autorise cette conversion après que les actions ont été libérées de moitié, si les statuts ont prévu cette transformation

D'après le projet de loi, l'échange d'un titre nominatif contre un titre au porteur, ne pourra avoir lieu qu'après le versement complet du capital de l'action.

Nous applaudissons à cette prescription qui fera cesser une faculté si dangereuse pour les tiers. En effet, dans l'état actuel de la législation, le porteur d'actions d'une Société, dont les affaires sont mauvaises, se garde bien de se faire connaître, et la dette de ce porteur échappe dès lors à la masse, si la conversion est régulière et antérieure de deux ans. Désormais le titulaire de l'action, s'il n'a pas aliéné son titre, restera tenu tant que le capital promis par lui n'aura pas été versé.

ART. 6. — L'article 6 nouveau règle la situation du souscripteur et du cessionnaire et la procédure à suivre pour exercer l'instance en paiement des portions non payées du montant de l'action.

Dans le paragraphe final de cet article il est dit que tout souscripteur ou actionnaire qui a cédé son action, cesse d'être responsable des versements non effectués deux ans après la constitution définitive de la Société, quand la cession est antérieure, et deux ans après la cession, quand celle-ci est postérieure.

Sous le régime de la loi de 1867, le souscripteur primitf, qui a aliéné son action, et celui auquel il l'a cédé avant versement de moitié restent tenus au paiement du montant de cette action pendant un délai de deux ans à partir de la délibération de l'assemblée générale.

La suppression de la faculté de convertir l'action en titre au porteur avant libération complète a pour conséquence de laisser toujours un débiteur direct et facile à trouver pour le complément non versé. Y a-t-il lieu, comme le propose le projet de loi d'exonérer après un délai de deux ans à partir de l'aliénation, le souscripteur qui a aliéné son titre? N'y aurait-il pas lieu au contraire de laisser, comme le décidaient le Code de commerce et la loi de 1856, cet actionnaire tenu comme caution de ceux qu'il s'était substitué, ou mieux qui successivement se sont substitués à lui.

La question nous parait digne d'un sérieux examen. La stipulation du nouvel article 6 est édictée dans l'intérêt des porteurs d'actions qui ont aliéné et sur lesquels on désire ne pas laisser peser une obligation qui peut les frapper longtemps après la vente faite par eux. Cette stipulation a pour effet de rendre moins dangereuse la spéculation sur les titres nominatifs ; il semble à première vue qu'en agissant ainsi, on facilite la souscription des actions dans les Sociétés, et qu'il y a là un intérêt public. On fait valoir que vouloir atteindre un souscripteur primitif dont la situation a pu se modifier est une illusion, que souvent ce souscripteur sera sans ressource, et que dès lors on aura nui sans profit aux opérations sur les actions.

Ces considérations ne sont pas sans valeur, mais nous ferons observer que, du moment où l'on reconnaît la nécessité de laisser l'action nominative jusqu'à libération complète, il faut être conséquent. Chacun est tenu, d'après les règles du Code civil, de ses engagements ; or, lorsqu'on a promis une somme, on doit la fournir, ou la faire fournir par celui que l'on a chargé de son obligation. Le créancier dans l'intérêt duquel le titre reste nominatif a non-seulement traité sur une promesse, mais aussi sur un nom qu'il a pu connaître, nom qui seul est révélé aux tiers par l'acte de Société et par les publications légales.

Dans certaines affaires, la marche est mauvaise pendant plusieurs années, et la clause qui est proposée aura pour conséquence d'engager les porteurs vigilants à vendre leurs titres pour échapper à une éventualité dangereuse ; ces porteurs se déchargeront ainsi d'une façon définitive de leur obligation, en la reportant sur un tiers moins sérieux ou moins au courant.

En imposant l'obligation de rester tenu jusqu'à l'entière libération du titre, la loi pourrait toutefois apporter un correctif à cette obligation ; ce but serait atteint si elle autorisait l'actionnaire, pour s'affranchir de toute responsabilité ultérieure, à libérer son titre par anticipation. Si le système du projet triomphe, il nous paraîtrait nécessaire de porter à cinq ans le délai de prescription indiqué dans l'article 6 ; c'est le délai stipulé par le Code de commerce pour les actions contre les associés non liquidateurs d'une Société.

Dans le but de faire cesser l'abus du transfert d'actions à l'aide d'un pouvoir fourni par un précédent vendeur mais non déposé à la Compagnie, il serait utile d'autoriser le vendeur d'actions à réclamer de la Société qui a reçu le transfert un certificat constatant sa régularisation, et comme conséquence le point de départ de la prescription.

ART. 7. — L'article 7 dit que les apports en nature ne peuvent être représentés que par des actions libérées, et que ces actions ne pourront être détachées de la souche, et ne seront négociables que deux ans après la constitution définitive de la Société.

La modification qu'apporte cet article à la législation actuelle est fort controversée. Le projet primitif soumis au Sénat laissait la faculté de représenter les apports par des actions libérées soit en totalité, soit en partie. Dans ce dernier cas, les apports pouvaient, en vertu des statuts, servir à la libération partielle des actions, et être imputés, soit sur le versement du premier quart, soit sur les versements ultérieurs.

Il arrive souvent que les apports en nature sont faits par des propriétaires d'usines auxquels manquent le capital de roulement nécessaire à une bonne marche, ou les ressources permettant de modifier le matériel, ou bien encore par des héritiers qui ne peuvent exploiter par eux-mêmes ; et, en pareil cas, la modification votée par le Sénat est plus avantageuse à ces apporteurs, puisque, pour eux, l'opération est complète, et qu'elle ne laisse pas de charges pour l'avenir ni de passif éventuel ; c'est l'ordre d'idées auquel vous vous êtes rallié. Toutefois, il ne doit pas être perdu de vue que la rédaction primitive laissait toute latitude aux fondateurs des Sociétés, qu'elle n'obligeait pas à la création d'actions de deux catégories, lesquelles ne sont pas également faciles à négocier, et qu'elle respectait la liberté des transactions à laquelle la loi ne prétend faire obstacle que quand l'ordre public y est sérieusement intéressé.

ART. 8. — L'article 8 de la loi consacre la légalité des avantages consentis aux fondateurs ou à toute autre personne, et permet de représenter ces avantages par des titres cessibles et négociables ; mais il ne stipule pas, comme pour les actions d'apports, la défense de les négocier pendant un délai déterminé. Le principe est cependant le même. La loi cherche à éviter que les organisateurs des Sociétés ne se désintéressent de la marche de ces Sociétés aussitôt qu'elles sont constituées. Il a été reconnu qu'il y avait intérêt à retenir ces organisateurs pendant un certain temps, et que l'on empêcherait ainsi de nombreuses fraudes ; il paraît donc sage de compléter l'article 8 en ne permettant la cession des parts de fondateurs que deux ans après la constitution définitive de la Société.

ART. 9. — Le troisième paragraphe de l'article 9 du projet permet aux actionnaires, si un quart d'entre eux le demande, de soumettre à l'appréciation d'un ou trois experts nommés par le Président du Tribunal de Commerce, la sincérité de la déclaration des fondateurs. L'expertise ne peut porter, dans ce cas, que sur la valeur des signatures produites comme émanant de souscripteurs, et sur la constatation que le premier quart a été réellement versé. En exigeant le dépôt dans une caisse publique de ce premier quart, on rendrait, dans presque tous les cas, inutile la première expertise indiquée par l'article ci-dessus.

ART. 10, 11, 12. — Les apports en nature dans les Sociétés ont donné lieu sous le régime des lois de 1856, 1863 et 1867 aux fraudes les plus audacieuses ; il est difficile de dire dans quelle mesure la rédaction nouvelle proposée empêchera à l'avenir ces fraudes.

Les commissaires nommés dans une première assemblée devront faire dans une seconde assemblée leur rapport sur la valeur des apports et la cause et l'importance des avantages stipulés en faveur des fondateurs ou mandataires.

La plupart du temps, les actionnaires ne seront représentés à cette seconde réunion que par mandataires, et il y a tout lieu de présumer qu'ils seront fort rarement portés à se défier d'hommes qu'ils ne connaissent pas sous un jour défavorable; dès lors le recours à l'appréciation d'experts nommés à la requête des actionnaires sera l'exception. On doit néanmoins approuver l'innovation qui peut permettre d'écarter quelques-unes des fraudes signalées dans l'exposé des motifs, tout en ne se dissimulant pas qu'elle fera peser sur le Président du Tribunal de commerce auquel est dévolu le choix des experts une responsabilité lourde dans certains cas.

Dans la pratique judiciaire, les nominations d'experts ont lieu après débat entre adversaires défendant leurs intérêts opposés. Les parties ont le droit de faire des objections aux désignations faites, et de plaider contre les appréciations qui résultent de l'expertise. La situation ne sera pas identique, et la tâche des experts sera parfois fort délicate. L'appréciation de certains apports sera très-difficile. Bien souvent ces apports n'auront de valeur qu'en raison du résultat que l'on pourra en obtenir; on peut se demander comment, par exemple, on pourra estimer une invention nouvelle, quelle base on devra prendre pour estimer une usine. Le choix des experts peut modifier beaucoup le résultat de l'expertise. Ainsi, pour une usine, un expert peut se placer au point de vue du coût de l'établissement, comme cela a eu lieu pour le rachat de certaines lignes de chemin de fer par l'Etat, un autre à celui du prix net que l'on pourrait espérer en cas de vente publique; il y aura donc souvent matière à divergences considérables.

L'article 13 relatif à la vérification des apports en nature, lorsque la Société est formée seulement entre ceux qui en sont propriétaires doit être approuvé sous les mêmes réserves que l'article 11.

L'article 14 du projet a donné lieu devant le Sénat à un long débat relatif au droit des administrateurs, à choisir parmi eux un directeur et si les statuts le permettent, à se substituer un mandataire étranger et dont ils sont responsables envers la Société.

Il paraît résulter du sens grammatical de l'article et de la discussion qui a eu lieu au Sénat, que les administrateurs qui choisiront parmi eux un directeur ne seront responsables de ses actes, que dans la mesure du droit commun, mais qu'ils seront responsables sans aucune restriction, quand usant de la faculté que leur accordent les statuts, ils se substitueront un mandataire étranger.

Il nous paraît désirable que la Chambre des Députés précise bien la responsabilité des administrateurs dans tous les cas; cette responsabilité doit être aussi large que possible, car la plus grande partie des Sociétés doivent leur ruine à une mauvaise gestion, et surtout à l'abandon de pleins pouvoirs à un Comité dirigeant ou à un directeur se livrant à des combinaisons d'affaires, ou à des opérations que ces administrateurs n'auraient pas osé faire ou laisser faire, s'ils avaient dû en supporter les conséquences en cas d'insuccès.

La forme de l'anonymat permet trop souvent d'échapper à la responsabilité d'actes qui, tout en ne violant pas la lettre de la loi, sont contraires au bon sens et à l'entente loyale des intérêts sociaux, mais ont pour but de faciliter des combinaisons de primes, de hausse à la bourse, de syndicat, etc.

Les articles 15 et suivants sont relatifs aux assemblées générales, à leur fonctionnement et à leurs attributions, soit au début de la Société, soit pendant sa marche.

Nous ne saurions trop approuver le droit pour tous les actionnaires d'assister aux réunions constitutives de la Société, comme à celles qui ont pour objet la vérification des apports.

ART. 23. — L'article 23 a été l'objet de critiques fort vives. On lui reproche d'entraver trop la liberté des conventions, et d'enchaîner la Société au mépris de ses intérêts véritables. On fait valoir que dans le cours de la durée d'une Société, des besoins nouveaux qu'il n'était pas possible de prévoir surgissent, des industries se transforment, se déplacent. La Société, dit-on, arrive à son terme, et si les statuts ne l'ont pas prévu, il faut la dissoudre, la liquider, bien qu'elle soit prospère. Ces observations sont sérieuses ; mais, d'autre part, on ne saurait oublier les fraudes auxquelles la loi actuelle a laissé place. Les annales judiciaires ont été remplies pendant plusieurs années de débats, résultat des abus qu'elle tolérait. Des Sociétés modestes, qui auraient pu fonctionner d'une façon fructueuse, sont devenues des Associations avec un capital très-important ne reposant que sur des fictions. Les petits actionnaires se sont trouvés enveloppés dans des combinaisons contre lesquelles ils ne pouvaient se défendre, et dès lors il est sage d'empêcher des modifications que le pacte social n'avait pas prévu.

Les articles 24 à 27 sont en partie la reproduction des dispositions de la loi de 1867 et ne soulèvent pas de critique.

L'article 28 stipule qu'il est fait annuellement sur les bénéfices nets un prélèvement d'un vingtième au moins affecté spécialement à la fondation d'un fonds de réserve, et ajoute que ce prélèvement cessera d'être obligatoire, lorsque le fonds de réserve aura atteint le dixième du capital social. La mise à la réserve du vingtième du bénéfice annuel nous paraît insuffisante, elle devrait être porté à un dixième du bénéfice net, et être obligatoire tant que le fonds de réserve n'aurait pas atteint le quart du capital social.

Dans les Sociétés qui vieillissent, il y a souvent un aléa pour des créances douteuses, ou difficilement réalisables, pour les bâtiments et les machines qui s'usent, et il est remarqué du reste, depuis longtemps, que les Sociétés, en donnant presque tout le bénéfice annuel à leurs actionnaires, font acquérir aux actions une prime sur le prix d'émission, prime qui n'est pas basé sur des ressources effectives, mais que ces Sociétés se privent des ressources qui leur auraient mieux permis de résister dans les temps de crise.

L'article 29 du projet de loi autorise la stipulation, dans les statuts, que des intérêts pourront être payés aux actionnaires, même en l'absence de bénéfices, pendant la période de premier établissement, à la condition que le terme en sera fixé par le pacte social, sans pouvoir être dépassé; que le taux de ces intérêts ne pourra être supérieur à 5 % des sommes versées, et que cette clause sera rendue publique. L'exposé des motifs de la loi motive cette modification aux principes, sur ce que la jurisprudence et la pratique se sont toujours refusées, avec raison, à voir dans cet usage, commandé par la force des choses, une transgression de la loi qui réprouve la distribution de dividendes fictifs. Le principe que l'on propose d'abandonner aurait rendu impossible la création des chemins de fer, du canal de Suez, dit l'exposé, et ne rendrait pas moins impossible les entreprises futures.

Si, pour quelques grandes entreprises, une pareille clause peut paraître nécessaire, nous sommes néanmoins d'avis que c'est une mauvaise chose d'admettre la faculté de prélever une portion du capital social pour le rendre aux actionnaires sous forme d'intérêt. Le capital indiqué par les statuts doit rester le gage des créanciers. On doit, de plus, craindre que, dans les Sociétés peu importantes, une pareille autorisation ne donne lieu à de nombreux abus, sous le prétexte de constructions à élever, de travaux non achevés, etc.

Le projet ne stipule rien, du reste, pour la reconstitution du capital; les intérêts seront donc dans la plupart du temps comptés comme s'ils avaient servi à payer des travaux. On donne ainsi, sur les livres, une valeur fictive à l'établissement, ou aux travaux de toute espèce que l'on a exécuté.

Si, contre notre désir, l'article 29 est admis par la Chambre des Députés, il y aurait lieu de le compléter en exigeant qu'aucun bénéfice au-delà de l'intérêt ne soit distribué avant la reconstitution complète du capital social. La loi a pour but dans l'espèce d'éviter les fictions, elle n'en doit permettre aucune, si elle veut arrêter les abus.

ART. 31. — D'après l'article 31 du projet, dans le cas où les Sociétés ont continué à payer les intérêts ou dividendes des actions, obligations, ou tout autres titres remboursables par suite d'un tirage au sort, elles ne peuvent répéter ces sommes lorsque le titre est présenté au remboursement. Cette modification du droit des compagnies à répéter les coupons payés constitue une innovation qui sera approuvé.

Il est souvent fort difficile à des porteurs de titres de savoir si leurs titres sont appelés au remboursement. Pour être édifié sur ce point, il faudrait suivre d'une façon constante tous les tirages, ce qui n'est guère pratique. Les Compagnies, au contraire, ont un personnel spécial habitué à ce genre de recherches, et il était souverainement injuste de laisser aux Compagnies le droit de profiter pendant trois ou quatre ans du prix d'un remboursement, en laissant croire au porteur que le titre n'était pas amorti.

L'article 33 énonce les cas dans lesquels les Sociétés pourront être autorisées à racheter leurs actions; cet article fera cesser de nombreux abus que permettait la loi en vigueur.

Aux termes de l'article 38, les administrateurs sont tenus de provoquer, en cas de perte de 3/4 du capital social, la réunion d'une assemblée générale de tous les actionnaires, et de consulter cette assemblée sur la question de dissolution de la Société.

Lorsque des administrateurs avouent une perte des 3/4 du capital qui leur a été confié, c'est presque toujours que tout est perdu; il ne paraît pas sage de laisser aller les choses aussi loin, et l'obligation de réunir tous les actionnaires devrait être imposée du moment où le capital est réduit de moitié. Généralement arrivée à cet état, la Société n'a plus de crédit, elle marche mal, la gestion est mauvaise; dès lors, pourquoi continuer quand même? En pareil cas la vie sociale n'est continuée que parce que les administrateurs se cramponnent à une situation qui leur est personnellement avantageuse.

L'article 40 indique les diverses causes de nullité des Sociétés, et les articles 41, 42 et 43 contiennent les règles sur la responsabilité des fondateurs et administrateurs, lorsque la nullité de la Société a été prononcée en vertu des dispositions du nouveau projet, et non en vertu des dispositions générales du droit.

Sous le régime de la loi de 1867 (art. 42), la nullité provenant de la violation des règles de cette loi rendait le fondateur auquel la nullité était imputable, et les administrateurs en fonctions au moment où elle était encourue, responsables solidairement envers les tiers, sans préjudice des droits des actionnaires.

Comme conséquence, la jurisprudence a appliqué le principe de la responsabilité à toutes les dettes sociales, sans distinguer si la perte ou le passif avaient été engendrés par le défaut de régularité de la Société.

Comme le dit avec raison, la Chambre de Commerce de Rouen, un pareil texte devait être la source de décisions judiciaires absolument iniques. Le nouvel article 41 restreint la responsabilité solidaire à l'égard des tiers ou des actionnaires, au dommage résultant de l'annulation.

La Chambre de Commerce de Lyon s'est élevée avec force contre la théorie aveugle des nullités qui, suivant elle, heurte à la fois le bon sens et les principes économiques. Elle voudrait que, dans certains cas, une assemblée générale ultérieure put régulariser ce qui a été fait irrégulièrement. Il est incontestable que l'annulation d'une Société déplace souvent beaucoup d'intérêts et les lèse sans profits; mais il paraît difficile d'ouvrir la voie à des régularisations du pacte social pendant le fonctionnement de la Société sans s'exposer à faire disparaître les précautions édictées pour la période de formation de l'association.

L'article 43 ouvre, du reste, la porte aux mesures destinées à couvrir les nullités et leurs conséquences en édictant une pres-

cription spéciale des actions résultant des nullités. Il engagera
les administrateurs à remédier, pendant le cours des opérations
de la Société, aux vices initiaux du pacte social.

Sociétés en commandite et par actions

Les articles 46 à 54 concernent les Sociétés en commandite et
par actions et sont l'application des principes qui devront régir
les Sociétés anonymes. Ces articles ne nécessitent pas d'observations spéciales.

Dispositions particulières aux Sociétés à capital variable

Il n'y a pas dans notre rayon d'associations de ce genre, et les
éléments nous manquent pour apprécier la valeur pratique de
la législation qui les a régi sous le régime de la loi de 1865. Cette
législation est reproduite dans le projet avec des améliorations
de détail qui paraissent réunir l'approbation des personnes
compétentes.

Dispositions relatives à la publicité

Ces dispositions font l'objet des articles 63 à 74.

L'article 63 prévoit un nouveau mode de publicité des actes
et délibérations des Sociétés à l'aide d'un recueil officiel; ce
recueil d'annonces légales ne saurait être utile qu'à la condition
d'être envoyé gratuitement dans tous les greffes chargés de
recevoir les actes de Société, soit greffes des Tribunaux de
commerce, soit greffes des Justices de paix, et d'être tenu à la
disposition de tous les intéressés; il constituera une charge
nouvelle assez lourde, alors que les frais d'actes de Société
entraînent déjà des frais considérables pour l'enregistrement
des actes, frais de dépôts, honoraires de notaires, etc.

L'article 64 ne permet d'ouvrir une souscription publique que
dix jours après la publication de l'acte de Société dans le recueil
officiel. Dans certaines circonstances, il peut être utile de provoquer d'une façon très-rapide les souscriptions d'actionnaires,
et l'obligation imposée par l'article 64 sera un obstacle, en même
temps qu'elle n'aura aucun but pratique. Le bulletin de souscription prévu par l'article 4, fournit au souscripteur les ren-
seignements qu'il peut désirer, et ce souscripteur ignorera

presque toujours la publication faite dans un recueil officiel qu'il n'aura pas sous les yeux.

L'article 66 impose la publication de l'extrait de l'acte constitutif des Sociétés et des pièces annexées dans l'un des journaux destinés à recevoir les annonces légales. Une rectification aux termes de cet article nous paraît nécessaire. La faculté laissée de faire la publication dans un journal du département entraîne le droit de publier les extraits dans un journal d'arrondissement autre que celui du siège social, ou du siège constitutif; il est nécessaire que la publication soit obligatoire dans l'arrondissement même, si cet arrondissement possède un journal recevant les annonces légales.

Dispositions relatives aux obligations

Le titre V, articles 75 à 87, constitue un ordre nouveau d'idées ; il organise la défense de l'obligataire.

Les émissions d'obligations au porteur prennent chaque année une part de plus en plus importante sur les marchés de fonds publics. Ces émissions représentent un capital de plusieurs milliards. C'est à l'aide d'obligations que nos grandes Compagnies de chemins de fer font face à l'extension annuelle de leurs réseaux. A côté de ces grandes Compagnies, dont la gestion ne laisse rien à désirer, sont venues se fonder des Sociétés chargées de la construction de petites lignes, d'autres Sociétés ayant pour but des entreprises industrielles de toute espèce, et beaucoup de ces Sociétés ont fait avec un capital insuffisant appel au public pour se procurer par voie d'obligations un capital supplémentaire souvent plus important que le capital action.

L'obligation n'est presque toujours qu'une dette à long terme remboursable par annuité et par suite d'un tirage au sort. En vertu du principe: qui a terme ne doit rien, l'obligataire se trouvait à la merci de la bonne ou de la mauvaise administration de la Société, il ne pouvait rien pour sauvegarder ses droits ; du moment où ses coupons semestriels étaient payés et où les obligations désignées par le sort étaient remboursées, il n'avait aucun droit. L'immeuble ou le chemin de fer, gage de sa créance, pouvait disparaître, être aliéné, être soldé, et le prix employé contrairement à ses intérêts, et lui fallait assister passivement à sa ruine.

Désormais les obligataires pourront se réunir, nommer des mandataires chargés de les représenter, ils pourront assister aux assemblées générales des actionnaires et intervenir pour la défense de leurs intérêts.

L'ensemble des prescriptions proposées nous paraît bien compris. Nous avons relevé dans les travaux qui sont passés sous nos yeux, la crainte que les obligataires ne soient disposés à abuser du droit nouveau qui va leur être conféré, mais nous devons faire observer que les abus dans l'autre sens ont été si grands qu'entre deux maux, il vaut mieux choisir celui qui peut être le résultat d'une prudence exagérée, que celui qui laisse tout perdre.

Le titre VI, articles 88 et 89, comprend les tontines, Sociétés d'assurances et Sociétés civiles, et ne donne lieu à aucune observation spéciale.

Les Sociétés étrangères font l'objet du titre VII, articles 90 à 96.

L'article 90 n'autorise les Sociétés étrangères par actions à exercer tous leurs droits et à ester en justice que lorsque, constituées conformément aux lois de leur pays, un décret rendu sous forme d'administration publique a, par mesure générale, autorisé les Sociétés de ce pays à exercer ces droits.

Jusqu'ici la loi française s'était montré très-libérale vis-à-vis des étrangers, sans tenir compte des difficultés de procédure qui étaient faites à l'étranger aux créanciers français. Le projet de loi paraît faire dans cet ordre d'idées un pas en arrière. Nous pensons qu'il serait plus sage de provoquer une convention internationale sur ce point, afin de faire tomber les barrières qui existent encore à l'étranger.

Le titre VIII, articles 97 à 107, comprend les dispositions pénales atteignant les infractions aux règles tracées pour la formation et l'administration des Sociétés.

L'auteur du rapport de la Chambre de commerce de Lyon s'élève avec énergie contre ces dispositions qui lui paraissent violer tous les principes du droit pénal, et mettre du même rang la contravention, l'omission involontaire et la mauvaise foi. En terminant les considérations qu'il a présenté à ce point de vue, il demande à la Chambre de Commerce de Lyon d'insister pour qu'il soit établi deux ordres de sanction, l'un purement civil pour les actes dommageables qui n'auront aucun caractère frauduleux, l'autre, aussi sévère que l'on voudra pour ceux que repoussent la morale publique. Que les auteurs du premier, dit-il, soient justiciables des tribunaux ordinaires ; que les agissements coupables soient déférés à la police correctionnelle. Il ajoute que l'on doit tracer une ligne de démarcation très-nette entre les uns et les autres, si l'on veut élever la législation des Sociétés au niveau des lois pratiques et fécondes, que la solution du problème est là et qu'elle n'est pas ailleurs.

De si grandes fraudes ont été commises dans l'administration de certaines Sociétés, qu'il est évidemment nécessaire de prendre des mesures pour arrêter ces fraudes, et nous ne saurions émettre l'avis qu'il y a lieu de modifier d'une façon radicale les diverses dispositions pénales contenues dans le projet, dispositions plus précises et mieux codifiées que celles édictées par la loi de 1867 ; mais nous émettons le vœu que l'erreur involontaire et la bonne foi aient leur large part d'indulgence, et que le législateur s'inspire de la nécessité de faire une loi qui permette d'attirer dans les Sociétés les hommes honnêtes et sérieux, sans leur faire craindre de se trop heurter à des questions de réglementation, ou ils courraient le risque de perdre une réputation méritée d'honorabilité. Agir autrement serait laisser la place à ceux qui moins scrupuleux n'hésitent pas dans un intérêt de gain à courir certains risques. Il y a évidemment un écueil à éviter au point de vue du régime pénal, et nous ne saurions trop attirer l'attention du législateur sur cet écueil.

Le titre IX intitulé dispositions diverses, applique sous l'article 109 aux Sociétés constituées antérieurement à la promulgation de la loi soumise au Parlement une série des articles de cette loi.

L'article 23 qui est repris dans la liste de ces articles modifierait le régime actuel de certaines Sociétés qui ne pourraient plus prolonger leur durée alors qu'elles ont été constituées sous une autre législation. La rétroactivité de la nouvelle législation qu'on appliquerait à ces Sociétés pourrait avoir de graves incon-

vénients, car, comme nous l'avons fait observer, il est souvent presque impossible de réunir l'unanimité des pouvoirs nécessaires pour agir, surtout dans les Sociétés déjà anciennes dont les actions sont disséminées et sont devenues la propriété de mineurs, ou de personnes éloignées. Il peut être fort onéreux de dissoudre une Société arrivée à son terme, et de la reconstituer avec de nouveaux éléments, alors qu'elle marche bien et que les intéressés n'ont pu se mettre en garde contre une législation nouvelle.

Les observations que nous venons de soumettre à votre appréciation suffisent, nous le pensons du moins, pour vous faire saisir la divergence d'opinion qui sépare les meilleurs esprits sur la législation qui convient le mieux au régime des associations commerciales.

Comme le fait observer avec raison la Chambre de Commerce de Lyon ; à l'équité, il s'agit de substituer de plus en plus le droit strict, un formulaire compliqué de procédure, et un système de pénalité, qu'elle juge plus propre à écarter les hommes de bonne foi qu'à paralyser les chevaliers d'industrie.

L'expérience faite n'est pas toutefois encore assez concluante pour que l'on puisse affirmer avec certitude que tel système est préférable à tel autre. En attendant cette expérience, il paraît sage de mieux préciser les règles tracées par la loi de 1867 et nous concluons de l'étude à laquelle nous nous sommes livrés, que le projet soumis au Parlement a, sur beaucoup de points, amélioré la loi en vigueur, mais qu'il y aurait lieu :

De prévenir par une rédaction complémentaire les embarras résultant de l'acte de Société rédigé sous signatures privées, lorsque la Société a besoin de faire des emprunts hypothécaires ;

D'ordonner que la Société ne pourra être constituée qu'après la justification que le quart du capital social a été réellement versé, et qu'il a été déposé dans une caisse publique ;

De décider que le souscripteur ou actionnaire qui a cédé son titre reste responsable des versements non effectués, mais qu'il ne pourra être poursuivi qu'après que les cessionnaires intermédiaires auront été préalablement appelés en justice. Que, dans le cas où la prescription contre le souscripteur qui a cédé son titre serait votée, elle soit portée à cinq ans, au lieu de deux ans ;

De compléter l'article 8 en disant que les parts de fondateurs ne seront négociables que deux ans après la constitution définitive de la Société ;

. D'ordonner que les apports en nature seront toujours évalués par des experts nommés par le Président du Tribunal de Commerce ;

D'élever à un dixième le prélèvement annuel sur les bénéfices annuels pour former une réserve, et de décider que ce prélèvement annuel aura lieu tant que la réserve légale n'aura pas atteint le quart du capital social ;

De ne pas permettre de distribuer, même pendant la période de premier établissement, d'intérêts prélevés sur le capital social, et dans le cas où le législateur croirait devoir autoriser cette distribution, de bien déterminer ce qui doit être entendu par période de premier établissement, et d'ordonner, dans ce cas, que le capital devra être reconstitué avant toute distribution de dividende ;

D'obliger les administrateurs à provoquer une assemblée générale de tous les Actionnaires lorsque la moitié du capital social est perdue, et d'autoriser cette assemblée, dans ce cas, à prononcer la dissolution de la Société, si elle le juge convenable ;

De n'autoriser les Sociétés à émettre d'obligations qu'après libération complète des actions ;

D'ordonner l'envoi gratuit du recueil officiel dans tous les greffes qui doivent recevoir les extraits des actes de Société et autres documents y relatifs ;

De modifier dans une certaine mesure les dispositions pénales, de façon à laisser davantage aux Tribunaux correctionnels l'appréciation du fait où la bonne foi ne saurait être mise en doute ;

De n'appliquer l'article 23 aux Sociétés existantes que dans une mesure qui n'oblige pas les Sociétés à se dissoudre à l'expiration de leur terme, alors que leur continuation sera jugée avantageuse à leurs actionnaires.

La Chambre, après avoir entendu le rapport ci-dessus
et l'avoir discuté, lui a donné son approbation, ainsi
qu'aux conclusions qu'il formule et l'a transformé en
délibération.

Elle a, en outre, décidé qu'il serait adressé *in extenso*
à M. le Ministre du Commerce et à la Commission de
la Chambre des Députés chargée de l'étude du projet
de loi.

Abbeville, imprimerie C. Paillart.

www.ingramcontent.com/pod-product-compliance
Lightning Source LLC
Chambersburg PA
CBHW070208200326
41520CB00018B/5545